AF360267

MONASTÈRE DE FILLES

DE

LA SALVETAT-LES-MONTDRAGON

AU DÉPARTEMENT DU TARN

PAR

M. Élie-A. ROSSIGNOL

De l'Institut des provinces et inspecteur de la Société
française d'Archéologie

CAEN

IMPRIMERIE DE F. LE BLANC-HARDEL

RUE FROIDE, 2 ET 4

—

1871

MONASTÈRE DE FILLES

DE

LA SALVETAT-LES-MONTDRAGON

AU DÉPARTEMENT DU TARN.

Le monastère de filles de La Salvetat fut fondé en l'année 1247.

Bien avant cette époque, une église sous le vocable de saint Pierre existait en ce lieu dans les enclaves de la seigneurie de Lombers. Elle avait été dotée de domaines importants, donnés en alleu, et libres de toute charge et redevance, par les chevaliers de Lombers (1) aux religieux de l'abbaye de Roses en Catalogne (2), qui y avaient établi un prieuré. Ils en négligèrent le service pendant les événements dont

---

(1) Archives de la préfecture : Demande de reconnaissance féodale par l'abbesse de La Salvetat à la dame de Valadi, qui, de son côté, demande au couvent le paiement du droit de *bladade* pour ses terres situées dans le consulat de Montdragon, terres qui en étaient exemptes, d'après la réponse de l'abbesse, ayant été données en alleu par les chevaliers de Lombers en 1062, 1067, 1071 et 1072. — Ces dates, sans doute, ne sauraient être exactes ; mais tout en regrettant de ne pas avoir le texte des donations, nous ne pouvons méconnaître l'importance de la note qui les renferme, pour l'histoire de notre prieuré.

(2) Roses, *Roda, Rodopolis,* petite mais forte ville d'Espagne dans la Catalogne, avec un port de mer à 13 lieues sud de Perpignan et dans le diocèse de Gironne, *Gerunda, Oppidon Gerundense.*

le midi de la France fut le théâtre à la fin du XIIe siècle et au commencement du XIIIe; et l'église, abandonnée, menaçait ruine quand, en 1240, l'évêque d'Albi, Durand, par une lettre contresignée par Guillaume, prévôt de St-Salvi, B., archidiacre d'Albi, Pierre, archiprêtre de St-Gervais, et Guillaume, archiprêtre de Graulhet, manda à l'abbé de Roses d'avoir à la réparer aussitôt et d'y faire célébrer régulièrement les offices divins. Ainsi mis en demeure, l'abbé de Roses songea à établir en cet endroit un prieuré indépendant; ou plutôt la dame Garsinde, instruite de cet état de choses et se donnant mission de fonder un monastère de filles, s'adressa à l'abbé Bertrand qui, du consentement de son couvent et agissant dans la plénitude de ses droits qui l'exemptaient de la juridiction ordinaire, la reconnut, par un titre des ides de novembre 1247, prieure ou abbesse du nouvel établissement, auquel il donna le lieu ou prieuré de St-Pierre de La Salvetat, avec tous les droits, honneurs et possessions qui en dépendaient, se réservant la confirmation des prieures élues qui lui prêteraient serment d'obéissance avec promesse de ne pas aliéner les biens du prieuré, les droits de visite et de correction, et enfin un cens annuel de deux pièces d'or : la dame Garsinde acceptant ces conditions jure obéissance à l'abbé.

Telle fut l'origine du monastère des filles de St-Pierre de La Salvetat. Trois ans après, les bâtiments étaient construits ; les sœurs s'y installèrent et élurent pour abbesse la dame Rica, que l'abbé Raimond, par un titre du 17 des calendes d'avril 1250 (16 mars 1251), reconnut pour supérieure.

L'abbaye de Roses garda quelques années encore la supériorité sur le nouveau prieuré et perçut, ses quittances en font foi, la rente annuelle de deux pièces d'or dénommées *marabotins*. Cette rente, pour la commodité du couvent, fut transférée, en 1273, sur le prieuré de Malvoisin, près

Auterive, diocèse de Toulouse, une des dépendances de l'abbaye. Par cet acte de transfert (1), l'abbé de Roses accorda aux religieuses de La Salvetat l'autorisation de se confesser à qui elles voudraient ; et bientôt, abandonnant tous leurs droits sur ce prieuré si éloigné, l'abbé Raimond et ses religieux, le 10 des calendes de décembre 1278, les cédèrent à l'évêque d'Albi. Aussitôt, aux ides du mois de janvier, la dame Rica reconnut être sous la dépendance de l'évêque, lui promettant fidélité et obéissance ; l'évêque lui fit remise des trois quarts de la censive des deux marabotins, à condition qu'elle ferait célébrer annuellement un obit le jour de sa mort, et pour le quart restant, savoir *une obole d'or*, la prieure s'engagea à le payer à l'évêque, à titre de sujétion, chaque année, le jour de l'Épiphanie (2).

Le prieuré prospéra ; des donations importantes lui furent faites de divers côtés. Les évêques d'Albi et puis ceux de Castres, notamment Daydé de Sévérac et Amiel de Lautrec, furent ses principaux bienfaiteurs ; les vicomtes de Lautrec, les nobles et les seigneurs du pays l'enrichirent aussi, et leurs filles s'y retiraient pour s'y consacrer à Dieu (3) et lui apportaient leur avoir.

Le prieuré de La Salvetat passa dans la plus grande tranquillité les premiers siècles qui suivirent sa fondation, et, à défaut de documents qui viennent prouver le contraire, on

---

(1) Tous ces titres sont relatés dans un vidimus du 7 septembre 1332, fait par l'official d'Albi, et dont l'original en parchemin avec sceau pendant est en la possession de M. Cormouls, propriétaire actuel de La Salvetat.—Nous en donnons un extrait aux *Documents*.

(2) Archives nationales, à Paris ; *Doat*, n° 107, fol. 53.

(3) Encore au commencement du XVe siècle, le 12 juillet 1402, Pierre de Lautrec, seigneur de Monredon, enjoignit à ses filles, Agnès et Ermessinde, d'entrer, la première au couvent de Vielmur, et la seconde à celui de La Salvetat (*Étud. hist.* de M. Compayré, p. 488).

peut dire que ses religieuses traversèrent en paix les XVe et XVIe siècles, si agités par les guerres avec les Anglais, compliquées par les courses des routiers et les querelles incessantes des seigneurs entre eux ; elles traversèrent aussi en paix la première période des guerres civiles que les questions religieuses soulevèrent de tous côtés. Il n'en fut pas tout à fait ainsi lors des troubles du XVIIe siècle ; et dans la crainte d'une persécution les sœurs durent quitter le couvent, à moitié démoli en ce moment. A cette époque, en effet, le prieuré étant devenu depuis longtemps un véritable bénéfice ; les supérieures, ne s'occupant que de leurs intérêts particuliers, avaient négligé les réparations des bâtiments et ne remplissaient même pas leurs premières obligations religieuses. C'est ainsi qu'en mars 1617, la cour de Toulouse dut réglementer le service divin à La Salvetat et enjoindre à la prieure, Isabeau de Ferrandi, de consacrer chaque année le sixième des revenus à l'entretien des bâtiments. De plus, par un autre arrêt de mai 1618, la même cour chargeant l'évêque de Castres, supérieur de l'ordre de saint Benoît, de l'exécution de l'arrêt précédent, lui ordonna de pourvoir les religieuses d'un édifice où elles pussent loger et faire commodément le service divin (1).

Cependant le monastère de La Salvetat n'était pas réparé en 1625 ; et dès les premiers symptômes de la reprise des hostilités, Isabeau de Ferrandi se retira dans la maison que la communauté possédait dans le village de Montdragon, auprès de l'église. Les religieuses la prièrent de leur marquer un lieu où elles pussent se réfugier elles-mêmes ; puis elles s'adressèrent à l'évêque de Castres pour être autorisées à aller au monastère de Longueville, à Gaillac. Le 28 mai 1625, l'évêque chargea son vicaire général de visiter les

____

(1) **Archives de la cour, à Toulouse.**

couvents de La Salvetat et de Gaillac ; et sur son rapport, qui concluait à l'insuffisance des bâtiments de La Salvetat pour protéger les religieuses, il les autorisa à aller au couvent des bénédictines de Gaillac. La prieure les y conduisit au mois de juillet, et elles y demeurèrent (1) jusqu'au mois de mai de l'année suivante.

La guerre commencée en mars 1625 était terminée en février 1626. Le monastère de La Salvetat avait été presque entièrement démoli. Cependant les religieuses désirèrent s'en rapprocher pour pouvoir toucher avec plus de facilité leurs revenus. L'évêque de Castres leur assigna alors une maison dans Montdragon ; elles l'achetèrent, y firent faire les réparations nécessaires, et, autorisées par l'évêque d'Albi à sortir du couvent de Gaillac, elles partirent pour s'y rendre à la fin du mois de mai. En route, elles apprirent que les habitants de Montdragon refusaient de les laisser entrer ; alors elles s'arrêtèrent au château de Janin de Gabriac, père de deux d'entre elles, et de là, après cinq semaines d'attente, elles adressèrent une supplique au Parlement de Toulouse pour le prier d'ordonner aux consuls de Montdragon de leur ouvrir les portes de la ville (2).

Nos religieuses se cloîtrèrent alors à Montdragon ; mais elles travaillèrent à relever le monastère de La Salvetat, qu'elles revinrent habiter quelques années après : nous les y retrouvons en 1660 (3) ; et plus tard, en 1682, la prieure régla les comptes des ouvriers qui avaient été employés à de nouvelles réparations. Réinstallées à La Salvetat, les reli-

(1) La supérieure et une de ses religieuses en sortirent quelques jours après ; mais un arrêt de la cour, du mois d'octobre 1625, ordonna qu'elles y seraient reconduites.

(2) Archives de la préfecture. Anc. invent. Tr. 146, 6, n° 152.

(3) Acte du 16 mars passé dans le *parloir du monastère*, et autre du 1er juillet passé dans *l'église de La Salvetat*.

gieuses quittèrent définitivement ce prieuré, vers l'année 1746 (1), pour aller s'établir à Lautrec, où un couvent de bénédictines existait déjà depuis 1661, et avec lequel elles ne formèrent plus qu'un seul établissement.

Des donations importantes en argent et en immeubles avaient été faites au monastère dès les premiers temps de sa fondation. Les sœurs, en entrant dans l'ordre, apportaient une dot plus ou moins considérable, et souvent léguaient tous leurs biens à l'établissement ; des frères et des sœurs, affiliés au couvent sous le titre de *donnés,* l'enrichissaient de leurs libéralités ; de sorte qu'il eut, sous peu, un domaine considérable en propre et un grand nombre de fiefs dans les communes environnantes ; les dîmes des paroisses lui furent aussi cédées, soit par les évêques d'Albi et de Castres, ses bienfaiteurs, soit par les chevaliers, qui les levaient parfois, comme on le sait, à cette époque reculée : ainsi le monastère de La Salvetat fut dans les meilleures conditions d'existence et de prospérité.

Un vieux registre du XIV° siècle (2) nous fait connaître

(1) Un acte de 1711, passé dans *le parloir du monastère de La Salvetat,* en présence du vicaire général de l'ordre, et un autre du 25 février 1744, portant fixation de dot pour une fille qui entrait en religion, et passé *dans la salle basse du couvent de St-Pierre de La Salvetat,* établissent irréfutablement que la translation de nos religieuses à Lautrec n'eut pas lieu, comme certains le prétendent, avant l'époque que nous fixons.

(2) Communiqué par M. de Latour. Les actes sont des années 1333 à 1351. A la fin d'un des cahiers de papier, dont la réunion forme ce registre, on lit ces huit vers jouant sur le mot *Adam :*

Arbore sub quadam	Sed postremus Adam
Dictabat clericus Adam	Natus de virgine quadam
Quomodo primus Adam	Dampna prioris Adam
Peccavit in arbore quadam	Reparavit in arbore quadam.

beaucoup de *lausimes* ou baux à fief passés par le couvent, et les diverses sources d'où provenaient ses richesses.

Les religieuses portaient en entrant dans la communauté une dot variable, suivant la position de leur famille. Ainsi, en 1343, la fille de Bonet Furgo de Rabastens est reçue au couvent, et son père, à cette considération, pour l'amour de Dieu et pour subvenir aux besoins de sa fille et à ceux du couvent, *per sustentar la vida de la dicha sa filha et deldig covent,* donne à la prieure 100 livres tournois. La même année, G. de Rousinhol, damoiseau, reconnaît devoir au couvent, sur une plus forte somme promise, *per almoine e per sustentar de vida e d'alimen de dona Sayssa si filha morga,* celle de 55 liv. qu'il paiera en plusieurs annuités. Et, pour nous fixer sur l'importance de la livre à cette époque, citons l'acte suivant d'après lequel la prieure et les religieuses reconnaissent, en 1339, avoir reçu d'Esclarmonde de Salvanhac, l'une d'elles, la somme de 20 livres tournois, dont elles ont acheté 2 setiers de blé de rente censuelle, et s'engagent à faire célébrer annuellement et à perpétuité une messe de *Requiem* pour son père, et une autre messe pour sa mère et ses parents. La même année, Jeanne Talhafer avait aussi donné la somme de 10 livres, qui servit à acheter un autre setier de blé de rente censuelle. Enfin, en 1340, Amblard de Cassanhas, donzel de Pouzols, cède au couvent, pour 60 sols, une *quartière* de froment de cens qu'il lui faisait pour l'appui de la chaussée du moulin et les abords du gué.

Indépendamment de leur dot, les religieuses faisaient aussi de leurs deniers propres des largesses au couvent ; leur patrimoine en entier lui était réservé en quelque sorte, car elles ne pouvaient en disposer, en totalité ou en partie, et même l'administrer, sans l'assentiment de toute la communauté. Ainsi, en 1340, Azemare de Paulinh, du consentement exprès de la prieure, nomme pour administrateurs de ses biens quatre *frères donnés* du couvent ; Bérengère de Brando reçoit de son frère, en présence de la supérieure, ses droits dans la succession de son père, et enfin Astrugue de Brassac, du consentement exprès de la prieure et de toutes les sœurs réunies à cet effet au chapitre, cède gratuitement à Bernard de Brassac, de l'ordre des Frères Prêcheurs, son frère germain, et attendu les grands et innombrables services qu'il lui avait rendus, tous ses droits paternels et maternels.

Mais une des principales sources de la prospérité des couvents était anciennement dans l'affiliation de frères et de sœurs *donnés*.

On sait que dans le principe des personnes laïques pieuses se donnaient corps et biens aux monastères et participaient, sous ce nom de *frères donnés*, aux prières de l'ordre comme de vrais religieux, sans être toutefois, au XIIe siècle, assujétis à la règle. Au XIIIe, ils entrent plus avant dans la vie religieuse et prononcent les vœux de pauvreté, de chasteté et d'obéissance, portent la tonsure et une espèce d'habit religieux ; mais ils s'en éloignent plus tard, et, au milieu du XVe siècle, ils vivent dans l'état du mariage et portent l'habit séculier. — Le monastère de filles de La Salvetat eut aussi et en grand nombre des *sœurs données* et encore des *frères donnés*. Voici, d'après notre registre, quelle était, au XIVe siècle, la position dans le couvent de ces personnes pieuses.

Les filles offraient leurs corps et leurs biens au couvent ; elles s'engageaient à y servir Dieu sous la règle de saint Benoît, à *garder*, *croître* et *améliorer* ses biens ; promettaient d'y tenir chasteté, pauvreté et obéissance, et lui léguaient tout ce qu'elles laisseraient à leur décès. En retour, les religieuses, acceptant leur offrande, les recevaient pour *sœurs données* et leur octroyaient le pain et l'eau pour toute leur vie. — Les hommes étaient reçus *frères donnés* de la maison, aux mêmes conditions : de laisser, à leur mort, leurs biens à la communauté, de la servir en tout et pour tout, et d'y vivre selon la règle de saint Benoît, sous les vœux d'obéissance, de chasteté et de pauvreté ; à ce titre, on leur assurait aussi pour toute leur vie le pain et l'eau : *E' vos autrejan lo pa e l'aiga aldig monestier, en la maniera e en la forma que es acostumat a donar d'aissi entro als autres fraires a tota vostra vida* (1).

Ainsi à cette époque, les *donnés* faisaient encore partie intégrante pour ainsi dire de la communauté ; ils observaient la règle et prononçaient les trois vœux de chasteté, pauvreté et obéissance ; ils portaient l'habit religieux, et enfin leurs biens, à leur décès, allaient à la communauté.

Les donnés avaient la libre administration de leurs biens ; ils en prenaient les fruits et revenus, et pouvaient même les aliéner, car ils ne s'étaient engagés à donner que ceux qu'ils auraient à leur mort. Cependant ces biens, même de leur vivant, étaient regardés comme dépendants du couvent. D'après certains actes, les sœurs ne pouvaient, sans l'assentiment de la prieure, nommer des procureurs pour gérer leurs affaires ; elles ne pouvaient engager ces biens, car en 1333, à la mort de l'une d'elles, la communauté eut un long procès avec le commandeur de Raissac, au sujet du règlement de sa succession, de ses dettes et de son avoir. Les donnés s'engageaient à *garder, croître* et *améliorer* les biens du couvent, et ils pratiquaient souvent cette obligation aux dépens de leur propre avoir. En 1341, le couvent ayant résolu de garder devers lui comme *dona de fieu* un mas et des terres de sa directe, que Sicard Molinier avait eus par échange, il dut lui rembourser 32 livres 10 sols ; le frère donné P. Cantarinet paya cette somme à sa libération, et la

---

(1) Voir aux documents les actes de réception d'un frère donné et d'une sœur donnée.

prieure lui laissa la jouissance, sa vie durant, du mas et des terres, mais sous l'obligation de servir au couvent le cens dont ils étaient chargés.

Les frères donnés étaient naturellement désignés pour représenter le couvent; ils étaient ses syndics, ses procureurs et ses mandataires soit pour accepter les différentes donations ou reconnaissances qui lui étaient faites, et renouveler en son nom les baux à fief, soit pour l'expédition de toutes les autres affaires : quatre mandataires étaient habituellement désignés dans ces circontances, et ils étaient pris exclusivement, ou au moins l'un d'entre eux, parmi les *donnés*, ses mandataires naturels. -- Plusieurs de ces donnés avaient reçu les ordres de prêtrise et étaient alors d'une plus grande utilité pour le couvent; quand ils ne les avaient pas, le couvent facilitait leurs études, et nous avons vu, en 1348, la prieure permettre au frère Bessomba de travailler à les avoir, et à cet effet ajouter à ses revenus personnels une rente annuelle de 30 sols; elle lui permet de porter l'habit de prêtre, le dispensant de prendre celui des frères réguliers de la maison.

La législation féodale, qui permettait au seigneur direct d'un fief de le retenir à son profit quand on lui en dénonçait l'aliénation par suite de vente ou d'échange, en en remboursant le prix ou la valeur, lui donnait ainsi la faculté d'augmenter, suivant sa convenance, son patrimoine particulier tout en maintenant les prix de vente à leur valeur réelle. On a déjà vu que les sœurs de La Salvetat avaient usé de cette prérogative, trouvant ainsi un placement naturel pour leurs économies, ou bien encore un moyen de provoquer ou de hâter les libéralités des membres de la communauté, sœurs ou *donnés* de l'un ou de l'autre sexe. Citons encore deux actes de cette nature. En 1338, B. de Solomiac de Lautrec avait acheté des pièces de terre tenues à fief du couvent ; il le signifie à la prieure qui, trouvant ces terres à sa convenance , *que las dichas honors ero necessarias aldig monestier,* les garde devers elle, *las retenia coma per senhoria de fieu,* et rend audit Solomiac ce qu'il avait déboursé. Les confrères de Saint-Sauveur de Lautrec avaient acheté un setier de froment de rente assis sur une terre de la directe du couvent ; en 1341, la supérieure retient cette rente et donne aux confrères les 45 sols qu'elle avait anciennement coûtés et les 3 sols du prix de l'acte, *per la carta de la compra.*

Ainsi organisés, les couvents ne pouvaient que prospérer. Celui de La Salvetat ne fit pas exception à la règle générale, et en 1338, d'après la déclaration que frère Pierre Olerici, donné et syndic du monastère, fit au commissaire du roi, il possédait dans la vicomté de Lautrec, en toute franchise, un moulin sur le Dadou et 40 seterées de terre, prés, vignes et bois, plus un fief noble avec laudimes et arrière-captes, sur lequel il percevait annuellement 40 setiers de froment, 9 de seigle, 9 d'avoine, 8 poules, 56 sols, 6 deniers de cens, et 3 setiers une sémine de raou, de tasque (1). Toutes les propriétés du couvent n'étaient pas là, et nous verrons qu'il en avait encore dans la baronnie de Lombers et ailleurs.

Continuant le dépouillement de notre registre, nous voyons l'administration du couvent confiée à une prieure, qu'assistaient dans certaines circonstances toutes les autres sœurs professes, habituellement au nombre de douze. Tous les actes importants, réceptions de sœurs et de donnés, nominations de syndics et de procureurs et autres, sont passés par la prieure et les sœurs réunies au chapitre au son de la cloche, *ejustadas (congregatas) al so de la esquila el capitol deldig monestier.* Les baux à fief ordinaires et les actes de peu d'importance étaient passés par la prieure au nom de tout le

____

(1) Archives de la préfecture, *Domanial* de Lautrec.

couvent. Parmi ces actes, nous citerons le bail à ferme du droit de passage *à Trotoco* sur le Dadou variant, suivant les années, de 20 à 47 sols; le couvent cédait la grande et la petite barque, *la naü am son naveg* que le fermier, au bout de l'an, devait rendre en bon état ou payer 30 sols en représentation de leur valeur, et se réservait le passage gratis pour les habitués du couvent et pour tous ses gens.

Le couvent avait d'abord à donner les aliments et les habits nécessaires aux religieuses; et les aliments, pain et eau seulement, aux *donnés* et aux *données;* puis il avait à acquitter ses charges religieuses, les messes de fondation, et enfin à entretenir les bâtiments. Le tout, dans le principe, se réglait amiablement, au contentement de la prieure, comme des simples religieuses. Mais bientôt il y eut une tendance, qui s'accentua de plus en plus, de la part des supérieures à augmenter leurs pouvoirs, à s'affranchir du contrôle assidu des sœurs, et à rassembler dans leurs mains toutes les ressources pécuniaires de la communauté; aussi plus tard, selon leur fantaisie, elles négligèrent l'acquit de certaines charges, soit vis-à-vis des sœurs, en leur retenant sur les habits et sur les aliments, soit encore en ne faisant pas les réparations nécessaires aux bâtiments.

Cette tendance était déjà marquée au XIVe siècle; et pour en prévenir les effets en ce qui concernait les sœurs, les bienfaiteurs du couvent, les mieux placés pour apprécier la situation, lui firent des donations spécialement destinées au vestiaire; parmi eux, nous devons nommer Daydé de Sévérac, premier évêque de Castres. Beaucoup de baux à fief de cette époque portent en effet, à la fin de l'acte, cette note caractéristique : et sera connu que ladite rente est affectée à l'œuvre du vestiaire des sœurs, ayant été achetée avec l'aumône faite pour cet objet par l'évêque Daydé de Sévérac: *Conoguda causa que aiso es congregut ad ops del vestiari*

*de las donas morgas de la almoina que lor laisset mosenh
Dardé de Severac avesque qae fo premier de Castras.*

Elle augmenta par la suite, surtout lorsque le prieuré fut
devenu une espèce de bénéfice. L'entente entre la supérieure
et ses sœurs ne fut plus la même ; et on a vu pendant les
guerres civiles du XVIe siècle les funestes effets de ces regret-
tables divisions pour la prospérité du couvent, au spirituel
comme au temporel. Les supérieures qui avaient négligé les
réparations aux bâtiments du prieuré qui tombait alors en
ruine, négligèrent aussi leurs obligations les plus sacrées vis-
à-vis du service divin, comme aussi vis-à-vis des sœurs aux-
quelles elles refusèrent la pension alimentaire et de quoi
pourvoir à leur modeste habillement ; et cet état déplorable,
ce sont deux arrêts du Parlement de Toulouse qui le constatent
d'une manière formelle. Les sœurs « manquant de tout »
s'étaient adressées à lui pour contraindre la prieure à tenir
envers elles ses engagements ; et faisant enfin droit à leurs
demandes, en mars 1617 et mai 1618, le Parlement enjoignit
à la prieure de créer un syndic spécialement chargé du service
religieux, de fournir aux sœurs les vivres et les habits nécessaires, de leur payer exactement leur pension, et de leur
laisser prendre copie des titres de l'établissement, afin qu'elles
pussent assurer le paiement des fruits *destinés à leur vêture*,
lesquels fruits la prieure ne pourrait affermer sans l'assistance
des religieuses, et enfin de déposer annuellement ès mains de
personnes solvables le sixième des revenus du couvent pour
les réparations.

Après les guerres civiles, la mésintelligence continua encore dans la communauté qui était toujours dans les mêmes
bonnes conditions d'existence, mais non plus de prospérité.
Ainsi, le 11 mai 1660, Cécile de Montlunel de Malbosc,
sous-prieure, et quelques autres sœurs présentèrent une
requête au Parlement contre dame Liuresse de Bernui-

Villeneuve, leur prieure, qu'elles représentaient comme tombée en caducité et dans l'impuissance de régir le couvent pour le temporel comme pour le spirituel. La prieure, instruite de ces démarches, fit appeler un notaire dans l'établissement, et, en sa présence, le 1ᵉʳ juillet 1660, interpella Cécile de Montlunel, qui refusa de répondre, et les sœurs signataires de la requête ; celles-ci se rétractèrent et assurèrent ne pas avoir donné mission à la sous-prieure de parler en leur nom. Quoi qu'il en soit, la mésintelligence n'en subsistait pas moins dans le couvent, dont les ressources pécuniaires étaient, à la même époque, excessivement restreintes, peut-être à cause de la reconstruction du monastère ; mais toujours est-il que, en cette même année 1660, les religieuses durent emprunter une somme de 300 livres pour acheter les provisions alimentaires qui leur manquaient ; et, pour en assurer le remboursement, elles engagèrent celle de 1,000 livres que Mᵐᵉ de Cantalauze avait promise pour l'entrée de sa fille dans la communauté. — Dans le siècle suivant, en 1744, Chagnes, bourgeois de Denat, donna à l'abbesse, pour la dot de sa fille, la somme de 440 livres, et de plus « pour seconder ses pieux desseins et afin qu'elle pût s'entretenir convenablement selon son état » il s'obligea à lui servir une pension viagère de 50 livres. —Indépendamment de sa dot, chaque religieuse apportait alors un couvert en argent et un trousseau avec draps de lit, chemises et serviettes.

Les religieuses de La Salvetat suivaient la règle de saint Benoît, l'une des plus austères qui ait été établie, car elle prescrivait de manger maigre toute l'année et de coucher sur la dure. Cependant cette règle fut adoucie dans ces derniers temps et autorisa le matelas, le linge de corps et l'usage de la viande trois fois la semaine.

Elles étaient dans le principe, comme on l'a vu, sous la

dépendance spirituelle de l'abbé de Roses, qui avait dans l'établissement droit de visite et de correction, confirmation et destitution des supérieures. En 1278, l'abbé céda ses droits à l'évêque d'Albi, et celui-ci, après la création de l'évêché de Castres dans les limites duquel le monastère se trouva placé, les céda au nouvel évêque. Toujours l'évêque diocésain eut des droits spirituels sur les religieuses; mais le supérieur de l'ordre était l'abbé de Cluny, et nous avons trouvé, en 1711, son vicaire général en cours de visite au monastère de La Salvetat.

La supérieure était nommée, dans le principe, par les religieuses, sous la confirmation de l'abbé de Roses et successivement des évêques d'Albi et de Castres; plus tard, quand le prieuré fut devenu un bénéfice, elle le fut sans doute par le roi, qui prit le couvent sous sa protection. En 1650, dame Liuresse de Bernui-Villeneuve tenait ses provisions du pape. La supérieure avait le titre de *prieure*, et, aux siècles derniers, celui d'*abbesse ;* elles appartenaient alors toutes à des familles nobles. Sous leurs ordres étaient souvent une *sous-prieure* et un *syndic ;* ce dernier était habituellement l'aumônier du couvent, et il s'occupait plus spécialement des affaires temporelles.

Le couvent de La Salvetat, avons-nous dit, avait un domaine particulier, des fiefs et plusieurs seigneuries ecclésiastiques. Le domaine de La Salvetat se composait de trois métairies, d'une briqueterie et d'un moulin sur le Dadou au lieu de *Trotoco.* Ses fiefs étaient situés dans les consulats de *St-Benoît, Saliès, Laboutarié, Sieurac, Lombers, Cadalen, Montdragon, Lamartinié, Venez* et *Lautrec.* Les seigneuries ecclésiastiques étaient celles de *Lamartinié*, pour un tiers, de *Montdragon*, pour les deux tiers, et de *Laboutarié*, pour la totalité.

La perception de la dîme des menus grains à Laboutarié donna lieu, en 1698, à un procès qui fut terminé par un arrêt du Parlement portant obligation, pour les habitants, de la payer au taux habituel et avant l'enlèvement des fruits. — Une partie des propriétés foncières étaient sujettes à la taille. La prieure eut à ce sujet, de 1596 à 1602, un procès à la Cour des aides de Montpellier avec le syndic du diocèse de Castres ; elle demandait que les biens du couvent, dans les consulats de Lautrec, Montdragon et Lamartinié, fussent reconnus nobles ; mais le commissaire de la Cour, ne lui donnant provisoirement raison que pour les biens situés dans Montdragon, enjoignit aux consuls de cette commune de ne pas cotiser à la taille l'église avec l'enclos du monastère, le jardin et les métairies joignant. Ce procès fut renouvelé en 1667 ; car les consuls de Montdragon et de Lautrec, ayant de nouveau imposé tous les biens du couvent, la prieure en appela encore à la Cour de Montpellier. — Dans les contestations que les religieuses pouvaient avoir avec les tenanciers de leurs fiefs et avec d'autres personnes, elles jouissaient des droits de *committimus* qui leur donnait le privilége de les appeler tout d'abord au Parlement de Toulouse, même pour les sommes inférieures à 200 livres. Les lettres de *committimus* n'étaient valables que pour un an et étaient délivrées par le roi quand elles étaient nécessaires. Les archives du couvent contiennent les originaux de plusieurs de ces lettres.

La communauté avait à supporter certaines charges. Elle devait hommage au seigneur dominant avec aveu et dénombrement de tous ses biens nobles. La déclaration de son syndic, en 1338, aux commissaires du roi, pour ses biens dans la vicomté de Lautrec, et celle du 28 décembre 1398, faite à Catherine de Vendôme, comtesse de Lamarche et de Castres, sont les plus anciens hommages du couvent dont nous ayons connaissance. Elle devait payer des droits d'amor-

tissement à chacune de ses acquisitions immobilières , puis
encore des censives et des décimes dans les deux diocèses
d'Albi et de Castres où elle avait ses propriétés ; elle payait la
taille pour la partie de ses immeubles qui y étaient sujets ;
enfin, en qualité de seigneur ecclésiastique et de fruit-prenant,
elle payait une partie de la pension congrue du curé de
Montdragon et du vicaire de Lamartinié , et toute celle du
curé de Laboutarié , ainsi qu'une portion des dépenses pour
l'entretien des églises de ces trois paroisses.

Voici le revenu du couvent et le montant des charges ,
d'après la déclaration remise le 16 août 1790 par l'abbesse
au maire de Lautrec , où les religieuses étaient alors retirées.

Le domaine de La Salvetat , avec les métairies et la briqueterie , avait été affermé , en 1777 , pour le prix de 1880
livres , et de plus les religieuses avaient fait certaines réserves
en nature qui pouvaient être évaluées à 430 livres (1). Le
moulin de Trotoco et quelques terres contiguës donnaient ,
de ferme , 16 setiers de blé et 4 setiers de seigle , mesure de
Réalmont , 35 livres , 150 œufs , 2 paires de chapons , 2 paires
de poulets , 20 livres de poisson ; et de plus la communauté
faisait moudre , sans avoir à payer de droits , tout le blé né-
cessaire à sa consommation. — Les censives donnaient , pour
tous les fiefs (2) , 39 setiers 1 mesure 2 boisseaux de blé ,

---

(1) Savoir : un champ , un pré et un jardin potager , donnant 140
livres ; une charretée de briques par fournée , évaluée 36 livres ; deux
cochons gras , 90 livres ; trente paires de chapons ou de poules , 45
livres ; 550 œufs , 13 livres 15 sols ; une vigne donnant *net trois pipes*
de vin , 60 livres , et neuf seterées de bois , donnant 100 livres.

(2) Les fiefs dans le consulat de *St-Benoît* donnaient 16 setiers blé ,
1 setier avoine , 1 géline et 10 sols 6 deniers ; — de *Saliés ,* 3 setiers
1 mesure 2 boisseaux de blé , 1 setier 4 mesures avoine , 2 gélines et
8 deniers ; — de *Laboutarié ,* 2 setiers 5 mesures 2 boisseaux blé , 1
setier avoine, 5 gélines 2 sols 5 deniers ; — de *Sieurac ,* 4 boisseaux

5 setiers 7 mesures seigle , 4 setiers 7 mesures 2 boisseaux avoine, 30 *gélines* et 4 livres 7 sols 11 deniers ; les droits de *lods* ne sont évalués qu'à 40 livres , et encore sans distraction du huitième pour la levée , dans l'évaluation que nous analysons, et les acaptes et arrière-captes , fixés ordinairement au double de la censive, n'y sont pas portés en compte. — Quant aux dîmes, le tiers des fruits décimaux de Lamartinié était affermé 575 livres ; les deux tiers de ceux de Montdragon, 610 livres, et le dîmaire de *St-Chamaux* , 320 livres ; tous les fruits de Laboutarié , 36 setiers de blé, 4 setiers de seigle et 200 livres pour les menus grains. — Enfin le couvent avait pour 33,273 livres de créances qui , placées à divers taux (1) , lui donnaient 1,130 livres d'intérêt. — Le total des revenus, variable suivant le prix appliqué à chaque espèce de grains , s'élève de 6,500 à 7,000 livres.

Quant aux charges, la part des portions congrues du curé de Montdragon et du vicaire de Lamartinié avec celle de l'entretien des deux églises était de 655 livres ; l'entretien de l'église de Laboutarié et autres dépenses , 130 livres ; les décimes pour les biens situés dans le diocèse d'Albi, 75 livres,

blé, 1 géline 1 sol 5 deniers ; — de *Lombers* , 6 setiers 7 mesures 2 boisseaux blé, 2 setiers 7 mesures 2 boisseaux seigle, 1 setier avoine, 7 gélines et 17 sols 1 denier ; — de *Cadalen* , 6 mesures blé, 6 mesures avoine et 1 sol 11 deniers ; — de *Venez* , 7 mesures 2 boisseaux blé, 2 mesures 2 boisseaux avoine et 3 gélines ; — de *Montdragon* , 3 setiers 5 mesures blé, 1 setier seigle , 1 géline et 2 livres 10 sols 3 deniers ; — de *Lamartinié* , 3 setiers 5 mesures blé, 1 mesure 2 boisseaux seigle, 4 gélines et 2 sols 11 deniers 3/4 ; — de *Lautrec,* 5 setiers 5 mesures blé, 1 setier 6 mesures seigle, 7 setiers 2 mesures avoine , 6 gélines et 9 sols.

(1) Savoir : sur le diocèse de Castres , 16,082 livres à 4 °/₀ ; sur le clergé du diocèse, 6,300 livres ; sur celui d'Albi, 1,800 livres ; sur la généralité de Toulouse, 1,600 livres ; sur le communauté de Lautrec, 2,543 livres à 2 °/₀ , et sur le chapitre de Lautrec, 4,380 livres à 5 °/₀.

et pour ceux situés dans le diocèse de Castres, 97 livres 17 sols;
les censives et amortissement d'une partie du terrain sur lequel
le monastère était bâti, 30 livres; la taille des biens ruraux,
100 livres; la capitation, 24 livres, et la garde bourgeoise,
24 livres; l'entretien de l'église, du cloître et des métairies,
348 livres; messes de fondation et honoraires de l'aumônier,
109 livres; enfin gages des domestiques, 200 livres; soit en
tout 1,792 livres 17 sols.

Le revenu net aurait donc été d'environ 5,000 livres. —
Il faut observer que dans ce total doit être compris le revenu
qui appartenait aux bénédictines établies à Lautrec à l'époque
où celles de La Salvetat allèrent s'y fixer; mais il devait être
de très-peu d'importance.

Telle était la déclaration que l'abbesse fit, le 16 août
1790, au maire de Lautrec qui, en conséquence des décrets
de l'Assemblée nationale, s'était présenté devant elle pour in-
ventorier les meubles et immeubles de l'établissement. Après
avoir pris note des revenus, le maire inventoria les effets
mobiliers et constata qu'il y avait dans chaque cellule un lit
avec son matelas, deux couvertures, un traversin de plume
et des rideaux, une table, une armoire, un prie-dieu et
quelques chaises; la cellule de la supérieure se distinguait
des précédentes par un réveil *en bois*. Toutes les sœurs, au
nombre de douze, lui déclarèrent « vouloir vivre et mourir
dans l'état religieux et suivant la règle qu'elles avaient libre-
ment embrassée. »

Le 8 juin 1791, le domaine de La Salvetat, composé des
métairies de La Salvetat, de *Cabrol, Segest* et *St-Félix* et
d'une *tuilerie*, le tout contigu, et avec la rente à locatairie
sur le moulin de *Trotoco*, fut adjugée à M. Cormouls pour
le prix de 43,800 livres. La commune de Montdragon avait
offert, mais en vain, d'acheter ce domaine; elle demanda,

le 22 décembre 1792, au directoire de Castres la confirmation du privilége, dont jouissaient ses habitants, d'aller couper sur ce domaine la bruyère dont ils avaient besoin. — L'argenterie et les vases sacrés furent envoyés à Castres. La vente à l'encan des effets mobiliers produisit 2,281 livres 14 sols 6 deniers ; elle eut lieu le 28 septembre 1792, et alors les religieuses devaient avoir quitté l'établissement.

Voici les noms des prieures ou abbesses :

1247.   *Garsinde*, fondatrice du couvent.

1251-1298.   *Rica*, nommée par les sœurs et confirmée par l'abbé de Roses, le 17 des calendes d'avril 1250 (16 mars 1251); en 1278, elle reconnut pour supérieur l'évêque d'Albi ; elle accepta plusieurs donations faites au prieuré et passa encore un bail à fief en 1298.

1315-1324.   *Bodraca Vasaudi.*

1333.   *Galharde de Monestier.*

1337-1351.   *Éléne de Salvanhac.*

1406-1457.   *Cécile du Puy.*

1467-1486.   *Gauside de Sobiran.* En 1471, était sous-prieure, *Gauside de Murat.*

1490-1517.   *Anne Gasc.* Était sous-prieure, en 1490, *Catherine Massepi.*

1528.   *Isabeau de Calmels.*

1542-1554.   *Marguerite del Dausit.*

1592-1602.   *Anne de Montbrun*, abbesse et prieure.

1613-1648.   *Isabeau de Ferrandi.* Elle eut des contestations avec ses religieuses et s'occupa beaucoup du temporel du couvent.

1650-1660.   *Liuressé de Bernui-Villeneuve.* Sous-prieure, en 1660, *Cécile de Montlunel.*

1663-1682.   *Jeanne de Capriol de Cuq-Saint-Maurice.*

1696-1704. *Jeanne de Pujol de Castelpers* , abbesse.

1709-1728. *Jeanne-Henriette de Brunet de Panat Castelpers*
            Levi Brunet et de Pujol.

1744.   *Marie-Anne-Hyacinthe de Panat Castelpers*
            Levi Brunet et de Pujol.

1746.   *N. de Massaguel.* Sous son administration , les
            réligieuses étaient transférées à Lautrec.

1753-1770. *Marie-Thérèse de Villeneuve-Lacroisille.*

1770-1780. *Justine-Augustine de Barral.*

1780-1791. *Anne-Jeanne-Marie de Saint-Félix-Moremont.*
            Elle fut la dernière abbesse. *Marie-Thérèse*
            de Labastide était sous-prieure au moment
            de la Révolution.

La Salvetat est aujourd'hui encore la propriété de M. Cormouls. Il ne reste des anciennes constructions que le sanctuaire et le transept de l'église ; les autres bâtiments sont
modernes et ont été sans doute élevés après la translation des
religieuses à Lautrec, dans la seconde moitié du siècle dernier.
Dès cette époque, La Salvetat est marquée comme *abbaye*
ruinée sur la carte de Cassini, diocèse d'Albi. Le sanctuaire
et le transept, divisés dans leur hauteur par un plancher,
servent de cave et de grenier ; ils sont, à part cette trans-
formation, dans un bon état de conservation.

A l'intérieur, le sanctuaire, après une première travée,
est demi-circulaire ; la voûte en berceau prend naissance sur
une corniche avec cordon et torsade ; il est orné de quatre
colonnes appliquées, reliées par une arcature en plein-cintre
sous laquelle sont les fenêtres. Les colonnes de l'abside sont
couronnées de chapiteaux historiés ; les deux autres ont de
simples chapiteaux dont le tailloir se confond avec la corniche
de la base de la voûte. Les transepts sont à chevet droit et
ont chacun une petite abside *placée en saillie sur le mur de*

l'est ; à la hauteur de la voûte règne tout autour un cordon orné de rinceaux et de palmettes d'un côté, et de losanges et de damiers de l'autre. Au centre et séparant le sanctuaire de la nef, s'élèvent quatre piliers engagés ornés de colonnes avec chapiteaux sculptés, reproduisant : les uns, des ornements végétaux avec fleurs et fruits, lis, roses, pommes de pin et pierres à facettes ; et les autres, deux rangs de décorations à personnages et animaux symboliques, quadrupèdes, syrènes, etc. Ces piliers, reliés par de grands arcs à plein-cintre, supportaient le clocher dont il ne reste qu'une portion du premier étage utilisée pour pigeonnier. — A l'extérieur, l'abside est ornée de pilastres, correspondant aux colonnes du dedans et reliés entre eux par trois arcatures à plein-cintre, dont les modillons sont sculptés en tête de bélier et en syrènes à deux queues recourbées. Les fenêtres, à plein-cintre, étroites, n'ont aucun ornement. L'absidiole du transept est dépourvue d'entablement à modillons ; elle est percée d'une petite fenêtre. — L'appareil de construction est régulier et de moyenne dimension.

Cette église de **La Salvetat**, dont nous regrettons de ne pouvoir donner le plan terrier, est remarquable surtout, après ses détails architectoniques, par ses absidioles du transept, dont nous n'avons jusqu'ici constaté l'existence dans aucun autre monument contemporain du département ; elle est du roman le plus pur, et l'on serait tenté d'en faire remonter la construction au XIIe siècle si l'on ne connaissait la date de fondation du couvent, qui est de 1247, preuve ajoutée à tant d'autres, que dans ce pays le plein-cintre a persisté pendant le XIIIe siècle. Par tous ces titres, les restes du monastère doivent être conservés avec soin ; nous avons plaidé leur cause auprès de M. Cormouls, lors de notre visite le 18 juin 1860, et nous avons lieu de croire que malgré ses projets de construction de bâtiments ruraux plus complets , il respectera ce rare monument de l'art et de l'histoire de son pays.

DOCUMENTS.

1. *Vidimus par l'official d'Albi, en 1322, des premiers titres de l'établissement du prieuré des religieuses de La Salvetat en 1240, 1247, 1258, 1273 et 1275.*

In nomine Domini, amen. Per hoc præsens publicum instrumentum sit manifestum omnibus christi fidelibus præsentibus pariter et futuris, quod constitutus in Judicio apud Albiam in consisterio curiæ Albiensis coram notario officiali Albiensi, dominus Johannes Laurentius presbiter procurator seu sindicus prioressæ et monasterii Sancti Petri de Salvetate, Castrensis diocesis et conventus monalium dicti monasterii, de cujus sindicatu et potestate nobis constitit et fidem fecit idem sindicus per quoddam publicum instrumentum... scriptum et signatum ac in publicam formam redactum per magistrum Vitalem de manso publicum notarium Lumbariense receptum XI calendas Julii sub anno Domini millesimo trescentesimo trecesimo secundo, præsentavit et exhibuit nobis officiali prædicto quasdam patentes litteras reverendi in Christo patris domini D. miseratione divina, bonæ memoriæ, episcopi Albiensis et ipsius episcopi et domini Guilhermi quondam præpositi Sancti Salvii Albiensis, B. quondam archidiaconi sedis Albiensis, et magistri Petri quondam archipresbiteri Sancti Gervasii ac magistri Guilhermi quondam archipresbiteri de Graulheto, sigillorum munimine ut prima facie apparet et in eis legebatur, non viciatas, non cancellatas nec in aliqua sui parte corruptas sed potius omni vicio et suspicione carentes, quarum tenor sequitur in hæc verba.

D. miseratione divina episcopus Albiensis, viro venerabili et discreto F. Dei gratia Sancti Petri de Rodis abbati, salutem, vitam bonam et exitium beatum, eodem scribere... quidem non pigrum vobis autem necessarium per multos et enim fide dignos nuntios litteras vobis et universo vestro capitulo pluries significasse memoramus, ut ecclesiam Sancti Petri de Salvetate nostræ diocesis taliter de persona provideritis ut cultus divinus qui parvus est ibidem amissanus per maximam sollicitudinem... ut spirituales filii exinde... suscitarentur, ubi enim antiquitus viror calami ac junci crescit (1) et... dracones de junco fit pergaminius cum calamo scribitur, et cum ibidem celeste frequentaretur præconium nunc scilentium fit laudis divinæ, unde discendum est heu; cum igitur cessante laude cessit et meritum per quod fideles puniabantur, caritatem vestram rogamus in Domino nihilhominus quantum possumus obsecrantes et insuper mandantes quatenus dictæ ecclesiæ provideatis sicut dictum est de persona et de hiis quæ statutæ personæ necessaria fuerint ut Deus in vestro glorificetur opere, et ne de negligentia relinqui valeatis alioquin ex officio nostro taliter providebimus ut Deo serviatur ibidem et ut ecclesia quæ ruinam minatur per maximam retineatur providentiam quia si caderet nunquam per aliquem restitui posset, veruntamen expensas quas pro defectu vestro ibidem fecerimus a vobis et a conventu vestro in integrum exhigemus, si dicti loci possessionem volueritis rehabere; et ut premissæ omnibus pateant et ut factæ vobis certificationes non valeant abscondi vel etiam denegari, præsenti cedulæ consimilem retinuimus per terminis alphabeti divisionem consignatam, et ad majorem hujus rei evidentiam sigilli nostri et Guillelmi præpositi sancti Salvii Albiensis, et B. archidiaconi sedis Albiensis et magistri Petri archipresbiteri sancti Gervasii et magistri Guilhermi archipresbiteri de Grauleto sigillorum munimine præsentem cedulam faciendam curamus. Datum Albiæ xv calendas maii anno D. MCCXL.

Item præsentavit et exhibuit nobis officiali idem sindicus... quasdam alias patentes litteras reverendi Patris in christo Ramundi Dei gratia sancti Petri Rodensis abbatis,... tenoremque sequitur continentes.

Frater Pontius prior, nos frater Ramundus Dei gracia sancti Petri Rodensis abbas, inhærentes predecessoris nostri P. vene-

<hr>

(1) Voir *Prophéties d'Isaïe*, ch. XXXV, v. 7.

rabilis memoriæ donationis cum consensu totius nostri capituli
plena habita deliberatione et inspecta utriusque loci utilitate,
laudamus et concedimus tibi Guarsindæ prioressæ et aliis prio-
ressis seu abatissis tibi succedentibus in perpetuum locum sive
prioratum Sancti Petri de Salvetate ad nos et nostrum monasterium jure proprietatis pertinentem cum omnibus suis hono-
ribus, possessionibus et juribus ad ipsum rationabiliter spectan-
tibus ; sub tali videlicet forma quod prioressæ sive abbatissæ
quæ per te concorditer electæ fuerint in ipso loco ad ipsum locum
regendum præsentent se nobis et successoribus nostris qui pro
tempore fuerint, cum decreto electionis, aut per se si commode
fieri poterit aut per personas idoneas, ad obtinendam, si
canonica fuerit electio, sui officii confirmationem et ad pro-
mittendam obedientiam quæ ad modum suo majori ; et si per-
sonaliter non venerint mittatur nobis scripturam authenticam
in qua nobis ipsam obedientiam promittant et jurent non alienare
bona dicti prioratis sine nostro consensu requisito, pariter et
habito, et alia sub juramento promittent quæ teneatur promittere
suo majori quæ ad modum in jure noscitur comprehensum ;
præterea visitavimus dictum locum per nos vel per aliquam
personam idoneam de quinto in quintum annum vel etiam fre-
quentius si opus fuerit ut aliqua in dicto loco sive personis
regulariter corrigantur, cum autem correctio fuerit facienda in
capite vel in membris fiat, eo modo quo fieri debet et jam etiam
exstat ordinatum ; retinemus si quidem in loco præfato pro jure
nostro conservando duos aureos aufusinos quos mittet nobis
singulis annis in festo Paschæ persona quæ fuerit ibi major.
Verum quoniam nostrum monasterium exemptum est cum suis
membris et immediate spectat ad ecclesiam Romanam cum
licentia et auctoritate domini Papæ fieri volumus omnia supradicta. Et ego Garsendis prioressa jam dicta, recepto hoc dono,
promitto et juro supra sancta quatuor evangelia vobis fratri
Ramundo sancti Petri Rodensis abbati et conventui vestro atten-
dere et complere supradicta in præsenti, vobis manualem obedientiam promittens et jurans sicut in jure cautum est in
decretali titulo de juro jurando ego. Actum est hoc idiis no-

vembris anno ab incarnatione Domini M CC XLVII. Ego frater
Ramundus Dei gracia sancti Rodensis abbas, ego frater Pontius
prior, ego frater Arnaldus portarius subscribo, ego frater Ramundus, ego frater Geraldus de campo longo me subscribo,
ego frater Ramundus de Viannia,...... Guillermus presbiter no-
tarius sancti Petri Rodensis qui hoc scripsit cum litteris supra-
scriptis in xxvii linea de anno quo supra.

Item præsentavit idem sindicus... quasdam alias patentes
litteras... quarum tenor talis est.

Nos frater Ramundus Dei gracia sancti Petri Rodensis abbas,
consilio nostri conventi confirmamus te dominam Ricam electam
in prioressam domus Sancti Petri de Salvetate ad jus nostrum
et nostri monasterii pertinentem, ratam et firmam habentes
electionem de te a sororibus dicti monasterii celebratam, unde
utilitatem prædictæ domus attendentes tibi munus confirmationis
impendimus et te ad regimen domus recepimus supradictæ. Actum
est hoc xvii cal. aprilis anno ad incarnatione Domini M CC L.

Item præsentavit, etc., quasdam alias patentes litteras, etc.

Reverendæ dominæ Berthe Dei gracia prioressæ sancti Petris
de Salvetate Albiensis diocesis, frater R. monasterii sancti Petri
Rodensis abbas, Gerundensis diocesis, salutem in Dominum sem-
piternum. Noveritis unum nuncium cum litteris recepisse qui
ex parte vestra et conventu ejusdem loci persolvit nobis quatuor
aureos quos nobis ratione censu de duobus annis præteritis de-
beatis persolvere ; etiam idem nuncius, nomine vestro et conventus prædicti duos aureos ratione istius anni proximi nunc
venturi, et sic reddimus vos et conventum vestrum de proximo
festo Paschalis venientis ad unum annum a solutione dicti census
liberum et immunem ; concedentis ob gratiam et preces vestras...
laboribus vestris et expensis vobis et conventui prædicti loci,
quod persolvatis nomine nostro de cetero quolibet anno duos
aureos quos nobis facitis censuales priori nostro de Malovicino,
Tholosæ diocesis, donec semper hoc videatis nostras revocatorias
litteras speciales ; concedo vobis vices vestras quod vos et conventus prædicti loci possitis confiteri a quocumque volueritis vos
secundum quod discretioni vestræ videbitur expedire. Datum

apud Villam novam xii cal. aprilis anno D. MCC septuagesimo
tertio.

Item exhibuit, etc.

Omnibus præsentationibus et exhibitionibus sic factis, etc.

Acta fuerunt hæc in consisterio curiæ officilitatis Albiensis vii
die mensis septembris anno incarnationis Domini M CCC XXXII,
etc.

(Titre original en parchemin, avec sceau pendant.)

2. *Réception de frère et de sœur donnés au couvent de La
Salvetat, 1336-1348.*

Item die iiii mensis marcii, anno Domini M CCC XLVIII. Sia
causa conoguda a tots homes que nos Elena de Salvanhac prioressa del monestier de S. P. de La Salvetat de l'avesquat de
Castras nos conoissens la voluntat el dessiner de vos P. Bessomba
filh de P. Besomba de paroquia de Casso de l'avescat de Rodez
per esser fraire donat del dig nostre monestier et aqui servir a
Dieu et el dig monestier et a tot lo covent, nos noscens et conoissens la dicha voluntat el vostre dessiner, am cosselh et
voluntat de las morgas et de tot lo covent et espressament de
madona Esclarmonda de Salvanhac, de madona Ademara de
Paulinh, sacristana, de madona Docelina dels Jondals, de na
magauda de Bausiec, morgas deldig monestier, et aliis presen-
tibus et consententibus, e las causas sots escritsats, per nos et
per tot lo covent pretendem et recebem vos P. Bessomba de sus
dig per fraire donat obedien eldig nostre monestier et autreiam
vos lo pa et l'aiga eldig monestier el bos i donam en la manieira
et en la forma que per nos et per nostres predecessores es
acostumat de donar als autres fraires, tot aissi lo bos i donam
et vos autrejam a tota vostra vida et que amb aisso puscats
operar als sants ordres de capela e tener vostres bes et vostra
causa, operar las rendas els frugs, et que compliscats vestras
necessitats et am xxx sols de tornes que nos vos prometen a
donar per cadans a martror per ajutor de bostre necessari et
puescats anar en abit de capela e senes abit local los autres
fraires reglas porto. Et aissi o volen e vos autrejam en tots los

bes sian odig deldig monestier coma fraire et prometen nonen
en contra et per totas las causas dessus dichas miels complar
et atendre obligan tots los bes deldig monestier et sots tota regla
de dreg et de cautela. — Et jeu P. Bessomba desus dig de grat
et de bona voluntat doni et proferi ma persona et mon cors a
Dieu et a madona Sancta Maria et a tota la cort celestial et a
vos madona la prioressa sus dicha et aldig monestier per esser
fraire en la maniera desus dicha et prometi jura sus la regla de
S. Beneseg a servir eldig monestier e creisser e mellurar los bes
daquel et a gardar justa mon poder e tener castetat e pauper-
tat et observar obediensia segon la regla justa mon poder, elli
doni tots los bes que ara sobiaran amos darnies dias que sian
deldig monestier et el los puesca penre et aver eses tot contra
dig et per tot miels entendre et complir obligi vos et aldig
monestier tot mos bes. Actum in dicto monastero anno et die
prædictis in præsentia et tastimonio P. Andegos, Boneti pres-
biteri, fratris Sicardi papalis prædicatoris et mei Vitalis notarii.

2. Anno Domini M CCC XXXVI videlicet in die festo Epifanie
Domini, sia causa conoguda quod nos Elena de Salvanhac prioressa del monestier de S. P. de La Salvetat per nos et per tot
lo covent deldig monestier et am lespres consentement deldig
covent, eldig covent presens prenem et recevem vos na Jona
de Mondrago filha d'en B. de Mondrago per sor et per donada
deldig monestier et vos autrejam lo pa et l'aiga a tota vestra
vida aissi coma a las autras donadas nos'acostumat de donar
de sa enreiras. Et jeu Jona de Mondrago desus dicha de grat
et de bona voluntat regardam mon profieg e per servir a Dieu
et doni et autreji mon cors al servici de Dieu et del monestier
de S. P. de La Salvetat e prometi juram sus la regle de S.
Benezeg garder creisser et amellurar los bes deldig monestier
e tener castetat et pauretat a servam obediencia justa mon
poder a tota ma vida, et que tots lo bes que jeu aurei sian
deldig monestier et aiso prometi gardar tener e servar ou miels
digs es ferme et durable per tot temps a ne venir en contre.

(Registre du XIVe siècle, en papier.)

Caen, typ. F. Le Blanc-Hardel.